AF443946

Magali Rabello Rocha

FRAGMENTOS

Poesia Contemporânea

Magali Rabello Rocha

Ao Tio Marconi,

que neste ano de 2020 foi morar em outro plano.

ÍNDICE
(Ordem Alfabética)

ÍNDICE
(Ordem Alfabética)

Magali Rabello Rocha

BANALIDADE
(16/05/2019)

Quando eu começar
A te contar a minha história,
Com toda pompa e toda glória,
Não se iluda, pois eu não inventei,
As estradas por onde passei,
Os caminhos que eu já trilhei,
As maldades que presenciei,
A violência que ignorei...

Quando minha voz ecoar em você
E te confundir, te entorpecer,
Não tente mudar o final,
Afinal
É minha a lua que caiu,
É meu o grito que não se ouviu,
Era meu o amor
Que ninguém sentiu...

Quando eu gastar o teu tempo
Comigo,
Não julgue ser meu grande amigo
E não queira nunca ter me ouvido
Pois foi em mim o tiro abafado,
Era eu o ser desencantado,
Era meu o nome mal falado...

Não pense que quero piedade
Ou que estou ocultando a verdade,
Se enxergue como alguém de sorte,
Pois os traços já vêm desenhados,
Ninguém vive sonhos errados,
Ninguém descarrega o seu fardo...

Quanto à vida,
Ela mesma ensina
E aqueles planos de menina
Talvez tenham ficado no passado,
Pois conforme muda a realidade
Mudam também as necessidades,
E o que era tão importante
Vira banalidade...
"

FRAGMENTOS
(25/02/2020)

Eu sei das críticas
Que vou receber,
Eu conheço os pecados
Que me serão imputados...
Mas eu sei do passado
Magoado,
Que insiste
Em se fazer presente
E constantemente
Atormentado,
Vilipendiado...

Me lembro de partes
Da história
Não contada,
Vislumbro os flashes
Da sequência retirada...
A memória senil
Recorda o olhar
Infantil
E carrega as marcas
Da verdade amputada...

Fragmentos de sonhos
E de realidade
Se misturam
Às lembranças
Desordenadas,
Das horas trancadas,
Das vidas entrelaçadas...

A relação ainda é forte
E viva
Entre o passado,
O sepultado,
O sempre ressuscitado,
E o presente,
Presente
E freqüentemente
Remendado...
"

                    Magali Rabello Rocha

ALGO A CONTAR
(13/08/2020)

Se tens algo a me dizer
O faça agora
Antes que seja finda
A próxima hora,
Antes que seja vinda
A próxima aurora...

Se tens algo a me negar,
Me negue então,
Antes do descompasso
Do meu coração,
Antes que o vento leve
O meu perdão...

Se tens algo a me oferecer,
Que me ofereça,
Antes que a noite acabe
E você me esqueça,
Antes que o sol te apague
Da minha cabeça...

Se tens algo pra contar,
Conte sua história,
Antes que ela se transforme
Em luta inglória,
Antes que ela fique apenas
Na tua memória...
"

AGONIA
(19/02/2020)

Eu vou te dizer
Quem sou
Na calada
Da madrugada
Na calçada vazia
Onde não é noite
Nem é dia,
Quando a lua
Abandonar a rua
E ninguém mais sentir
A falta tua...

Eu vou te contar
Quem sou
Quando a desordem
Tomar conta de você,
Quando não mais souber
O que é querer
E o que é poder,
Quando o sol
Não te mostrar
Seus raios
E tua vida
Não passar
De um ensaio...

Eu vou te mostrar
Quem és
Quando meus olhos
Refletirem tua imagem,
Quando o destino
For menor

Que a viagem
E a tua culpa
For maior
Que o teu sucesso...

Então te peço,
Se solte agora
Desse peso que te amarra,
Você está vendo a minha mão,
Então te agarra
E vem viver
Outra alegria
Que fica longe
Dessa tua
Agonia...
"

                                        Magali Rabello Rocha

DUAS PARTES
(03/02/2009)

Uma parte de mim
É emoção
E ainda treme
Ao te ver chegar...
Outra parte de mim
Não tem razão
E só me pede pra não mais
Te enxergar...

Uma parte de mim
Se esconde e chora,
Perdoando os seus erros
Sem poder...
Outra parte de mim
Quer ir embora
Antes que a vida
Comece a me esquecer...

Uma parte de mim
É coração
E insiste em calar
E conceder...
Outra parte de mim
Quer dizer não
E acabar de uma vez
Com esse querer...

Uma parte de mim
É nostalgia
Pelo amor que ainda sinto
Por você...
Outra parte de mim

É ironia
Pela dor que você
Me fez viver...

Uma parte de mim
Ainda é frágil
E sucumbe ao teu cheiro
De amor...
Pra outra parte de mim
Não é mais fácil
E faz de mim
Traído e traidor...
"

O QUE VOCÊ PENSA QUE SABE
(13/01/2009)

Você hoje brinca
Com o que pensa que conhece
Mas se esquece
Que aqui dentro
Ainda bate um coração
E que apesar
De tanta dedicação
Pode um dia despertar
E te enxergar de verdade,
E começar a ter vaidade,
E parar de se humilhar...

Entenda sozinha
Que nessa história
Além de você existo eu
E que essa chance de agora
Fui eu quem te deu
E você vai desperdiçar...

Não pense que me faz um favor,
Pois seja como for,
O teu tempo vai passar
Igual ao meu
E quando você acordar
E perceber
Que o teu coração não é teu
Vai sentir vontade de me telefonar,
Mas tome muito cuidado,
Pois meu telefone pode estar ocupado
E pode já haver outra
No teu lugar...
"

Magali Rabello Rocha

MEU GRITO
(18/03/2003)

Eu grito meu grito
Ao escuro
Do vento absurdo
Da alma,
Da imaginação e da calma...

Eu solto meu corpo
No espaço
Dos traços
Do louco artista
Sem culpa,
Sem tema e sem trauma,

Eu rasgo a pele
E te deixo sair
Do meu peito,
Do meu jeito
De ainda te achar
No meu ego...

Eu pego teu vício
Do início
E no fim
Já nem sei dizer
Se é você
Que eu deixo sair de mim
Ou sou eu
Que não consigo
Ficar em você...
"

DINAMITE
(26/09/2014)

Minha cabeça fervilha
De idéias novas
Misturadas às velhas fórmulas
De não saber
O que fazer...

Meu coração
É feito de dinamite
E raramente admite
Estar certo ou errado
E se sente culpado
O tempo todo
Por te fazer sofrer,
Muitas vezes sem querer,
Por te ofender
E te fazer voltar
Ao primitivo
Clima de terror
Desse meu amor
Cheio de intempéries,
Cheio de imperfeição,
Nascido neste coração
De dinamite
Que insiste em implodir
Todos os dias...

Minha cabeça é o meu guia
E não conhece os caminhos
Por onde me leva
E me deixa à deriva,
Feito um barco
Sem comando,

E as trilhas por onde ando
São obscuras
E aliadas a essa tortura
Que eu te faço conhecer...

Me perdoe por eu te amar
Loucamente
E sempre te deixar
À mercê
Deste meu coração
Inconseqüente...
„

                    Magali Rabello Rocha

NEM SEMPRE
(28/05/2016)

É provável
Que hoje
Eu não te veja,
É provável
Que eu vá
E você não esteja,
Porque
A boca que fala
Nem sempre
É a boca
Que beija...
"

ARREPENDIMENTO
(28/05/2016)

Eu sei
O que vai dizer
Pra me fazer esquecer
Que nosso caso acabou...
Eu sei
Que você vai apelar,
Vai implorar, vai chorar,
Mas teu tempo se passou...

Não diga
Que não te dei uma chance
Pois eu não quero revanche,
Eu só quero ir embora...
Lamento
A tua falta de tempo,
Esse teu desprendimento,
Mas minha vida é lá fora...

Então você vem
Querendo jurar
Esse amor que não tem
E me fazer acreditar...
Eu realmente lamento,
Não perca mais o meu tempo,
Por que arrependimento
É bem diferente de amar...
"

LOUCURA
(15/09/2017)

É você
Minha cura,
Minha tortura
Obscura,
A minha
Mais completa
Loucura...
"

AMOR MARGINAL
(03/10/2015)

Esse amor marginal,
Esse amor desigual
Que eu te ofereço
E pago o preço
Todos os dias
Por sentir...

O meu amor marginal,
Meu amor ilegal,
Que eu quis mostrar,
Que eu quis te dar,
Sem saber
Se te interessava viver...

Esse meu amor imoral,
Amor sobrenatural,
Que eu te entrego
E que renego
O tempo todo
Sem saber...

Esse amor
Que se mistura
Com a minha
Insana loucura
Que me torna réu confesso
E me devolve
O oposto
Ao que eu peço...

Esse amor
Que pra mim é fatal,

O meu amor,
Esse meu amor
Marginal...
"

DE QUE ADIANTA?
(18/08/2015)

De que adianta o teu ciúme
Se o cume da montanha
Está mais longe do que parece,
Se o que você oferece
Já não basta nem pra você...
Se já não sabe o que dizer
Pra me convencer
A caminhar do teu lado...

De que adianta o teu perdão
Se meu pecado foi em vão
Foi abrir meu coração
Pra deixar você entrar
Se nem você sabe onde está
Ou onde pretende chegar
Nesse teu passo lento
Com esse teu vento
Que já não move tuas velas
E não te leva pra alto mar...

De que adianta o teu amor
Se você não sabe amar
Se você não sabe se entregar
Aos sentimentos
E mantém seus pensamentos
Sempre em outro lugar,
Se a minha companhia
É nada mais que maresia
Nessa tua noite sem luar...

Desate o nó que nos prendeu
Porque ainda não percebeu

Que eu já não quero
E não espero
Nada de você
A não ser
A liberdade de viver
O meu próprio entardecer...
"

                    Magali Rabello Rocha

TEU NOME
(26/09/2003)

Eu grito teu nome
Em dois tempos
Ao vento
E o que volta
É meu eco
Dizendo teu nome
Ao contrário
E passa tudo
Tão rápido
O tempo
O sumário
E as letras
Que correm
Na tela da TV
Na janela escura
Do meu apartamento
Onde o vento
Insiste
Em cantarolar
Melodias
Sem letra
Sem rima
E anima
Minha solidão
Que grita
Teu nome
De novo
No meio
Da escuridão...
"

ME DEIXE ENTENDER
(29/09/2003)

Me deixe entender
Por que
Minhas noites
Se desencontraram
Das tuas estrelas,
Me deixe ao menos
Vê-las
Sem tê-las
Só querê-las
Me iluminando
E guiando
Meu norte...

Me deixe encontrar
O teu sol
Meu farol,
A luz do caminho
Que eu já percorri,
O carinho
Que eu já mereci...

Me deixe te achar
Outra vez
Noutro mês,
Noutro ano qualquer
Ou noutro poema
Que eu componho...

Se encontre
Nas minhas palavras,
Nas minhas rimas
Sem rima,

Nas estrofes
Que se fazem
Da união
Dessas pobres palavras
Que escorrem
Palas minhas mãos...
"

Magali Rabello Rocha

RESSACA MORAL
(06/05/2017)

Não é tua culpa
Se hoje vivo na desculpa
De ter sofrido a traição,
É o meu coração que se perdeu,
Foi ele que não entendeu
Que esse amor se acabou,
Foi ele que se arruinou
E foi procurar na noitada
Alguém pra não significar nada
Com medo de sofrer de novo,
E caiu na boca do povo
Porque acorda todo dia
Com alguém que não conhecia
Do outro lado da cama...
Que vive sempre o mesmo drama
De não lembrar o que fez a noite,
De não saber se foi bom ou açoite,
De não saber se foi bom ou mal,
De passar o dia inteiro
Sofrendo sem ter paradeiro,
De morrer de ressaca moral...
"

PECADO E PERDÃO
(14/05/2017)

O santo e o profano
Vagando
No meio da rua,
No meio da noite
Escura,
Caminhando
Lado a lado
Prazer e oração,
Pecado e perdão,
No meio da lua,
No meio da tua
Rua,
Prazer e pecado,
Cristais delicados,
Cristais remendados,
Na escuridão,
Perdidos na rua,
Prazer e pecado,
Culpa e perdão...
"

SEM FIM
(19/11/2017)

Eu sei
Que o que eu falo
Não se escreve,
Mas observe
Como você ainda
Presta atenção em mim,
Pois que seja assim,
Se está bom pra você
Está ainda melhor
Prá mim,
Eu sou
Sem fim...
"

RECARGA
(23/01/2017)

Eu luto
No meu luto
Minha luta
Minha batalha
Diária...
Eu brigo
Minha briga
Que a solidão
Irriga,
Que meu torpor
Desliga
Quando a alma
Busca
Por carga
Mesmo que
Temporária,
Mesmo que temerária,
Recarga completa
Ou parcial,
Que não venha acompanhada
De nenhum
Ponto final...
"

FORA DE ALCANCE
(23/01/2017)

Eu te mando um aceno
Da minha janela
Tão bela
Que vira tela
Diante de você...
Eu te lanço um olhar
Da minha sacada
De frente pro mar
E você me enxerga
Sem me encontrar...
Eu te jogo um beijo
Pra aumentar teu desejo
De me compartilhar,
De me desmontar...
Mas esquece,
Você não pode
Me alcançar...
"

ABSOLUTO
(27/03/2017)

Que seja absoluto
Tudo o que vier,
Que seja intenso,
Que seja completo
Tudo o que puder ser,
Tudo o que quiser trazer
Na tua bagagem...
Que seja soma
Tudo o que tiver...
Que seja extenso
O teu apreço
E o teu doar...
Que venha azul
Feito o mar...
Que venha doce
Como o teu cantar...
"

SOBRE TUDO O QUE VIVI
(05/03/2017)

De tudo o que vi,
De tudo o que vivi,
Só uma coisa
Tenho a dizer:
Ainda tenho muito
Pra ver,
Ainda tenho muito
Pra viver...
"

INQUILINO
(30/07/2017)

Você brincou comigo,
Falou que era amor
E eu corri perigo,
Jurou que me amava
E quis ser meu amigo,
Me fez acreditar
Que eu ia ser feliz...

Você que deu as cartas,
Eu aceitei você
Com todas as suas falhas,
Eu acolhi você
Te livrei das amarras,
E agora vem dizer
Não era bem assim...

Agora ouça bem,
Pegue suas tralhas,
Coloca na mala,
E pode acreditar
No que esta boca fala,
Não quero mais saber
Da sua ilusão...

Junte suas coisas
E pode cair fora,
Libera o espaço,
Sei bem o que eu faço,
Leva tudo embora,
Não quero inquilino
No meu coração...
"

AREIAS DO TEMPO
(19/06/2013)

As areias do meu tempo
Se vão com o vento
E eu nem sei
Pra que rumos esse vento sopra...
Eu me deparo com a ampulheta
Se esvaziando
E ainda me pego pensando
Qual destino quero dar
Aos meus passos,
Aos meus abraços,
Ao desapego
Que eu tento
Cultivar...
O vento
Que leva meu tempo
E brinca comigo
Nas manhãs de domingo
E sopra meus cabelos
Tão somente para vê-los
Em desalinho
E faz o mesmo com as areias
Do meu caminho...
Esse vento
Que sopra meu tempo
E meu destino
Para uma direção que eu desconheço,
Sem endereço,
Sem qualquer pista
Que me ajude
A imaginar
Pra onde eu devo ir,
Qual o caminho a seguir...

A única saída
Que me resta
É aparar as arestas
E esperar,
E deixar
Esse vento
Me levar...
"

                                        Magali Rabello Rocha

QUEM DE NÓS
(05/10/2015)

Quem se atreve a dizer
Que não sofreu,
Que não morreu por amor
Algum dia...

Quem se atreve a dizer
Que não disse não,
Que não negou seu perdão
A quem merecia...

Qual de nós pode jurar
Que não pecou,
Que não errou,
Que não morreu,
Que não matou...

Me diz então quem de nós
Nunca feriu alguém mortalmente,
Quem de nós
Nunca foi inconseqüente,
Quem não agiu sem pensar
No depois...

Pois eu digo que nós, mesmo sós,
Somos dois,
Dois corpos e almas desnudos,
Semeando e colhendo absurdos,
Nesse mundo, perdidos
De amor...
"

Magali Rabello Rocha

NÃO PENSE VOCÊ
(24/05/2014)

Não pense você
Que a tua indiferença
Me seduz,
Eu não te vejo
Em minha vida
Assim como não me vejo
Na tua,
Eu sou da rua
E é a lua
Que guia meus caminhos...

Não pense você
Que o teu desprezo
Me afeta,
Essa não é
A arma certa
Pra me atingir,
Pra me ferir,
Eu estou além
Do teu raio de visão
E a minha
Verdadeira diversão
É estar do lado de fora
Do teu mundo...

Repense seus métodos
Antes que tudo o que puder ter
Sejam planos,
Renove os panos
Das tuas cortinas
E abra as tuas janelas
Antes que elas

Não te mostrem mais
O horizonte,
Pois eu não serei mais
A tua ponte
Entre o teu dia
E a promessa
De uma longa noite...
"

                                   Magali Rabello Rocha

HOJE
(19/11/2017)

Hoje eu quero estrada,
Hoje eu não aceito nada
Que não seja liberdade,
Hoje eu não aceito menos
Que a felicidade,
Eu vou esquecer
Da minha calamidade,
Vou esquecer da tua
Desigualdade,

Hoje não quero mais saber
Nem do que eu não sei...
Hoje é o dia
Da diferença
Virar igualdade,
É o dia de comemorar
A simplicidade,
De comentar
A felicidade...

Hoje é o dia,
É qualquer dia,
De saber
Que eu sou
O seu negativo
E que sua narrativa
Nem importa mais
E que aqueles tais
Cartões postais
Que você prometeu
Não são meus
Nem seus...

Hoje é um dia qualquer
E eu sou incomum,
Sou mulher...
"

                                                            Magali Rabello Rocha

DESCOMPASSO
(18/08/2015)

Não venha me falar
De sonhos ou planos
E nem
Dos seus desenganos,
Porque eu sei muito bem
Por onde devo caminhar
E sei também
A hora de parar,
A hora de voltar ao passado
E recomeçar...

Não venha me contar
As suas desventuras,
Não me interesso
Por aventuras
E não gosto
De brincar com fogo,
Minha vida não é jogo
E não estou na cartada final...
Tua insistência
É um sinal
De que o teu tempo se passou
Enquanto o meu
Nem começou,
E eu não posso marcar o meu passo
Na indecisão
Do teu descompasso...

Deixe o teu conselho na porta
Porque minhas linhas,
Embora tortas,
São desenhadas por meu coração

E estão bem firmes
Na palma
Da minha mão!
"

Magali Rabello Rocha

VOU TE CONTAR

(18/08/2015)

Vou te dizer o que acontece
Quando o dia escurece,
Quando a noite entristece
E as estrelas se partem...

Vou te contar dos meus momentos
Que não são mais que fragmentos,
Da minha lua difusa,
Da minha mente confusa...

Vou te contar da estrada
Que não me leva a nada,
Desse caminho com curvas
E dessas águas tão turvas...

Vou te provar que sozinho
Não existe caminho,
Só existe o vazio
Dos planos mal costurados,
Dos sonhos nem sempre sonhados,
Das noites que passo acordado
Buscando motivo ou razão,
Tentando encontrar emoção,
Vivendo no meu planetário
E dispensando
Qualquer comentário
Que me faça entristecer...

Vou te dizer de uma vez
Que nem tudo o que você fez
Me deixou não querer
Que você volte aqui pra me ver,

Que você volte aqui pra ficar,
Que você venha me salvar
De mim,
É simples assim,
Ainda estou esperando
Você voltar...
"

                    Magali Rabello Rocha

ESQUECIMENTO
(26/11/2014)

Eu não me lembro
De nada...
O que acontece?
É o mundo que me esquece
Ou fui eu
Que me esqueci
Do que vivi,
Do que senti...

Dos meus sonhos
De criança
Não sobrou nada
Ficaram na estrada
Empoeirada,
Estraçalhada...

O que acontece?
Fui eu mesma
Que vivi
O que esqueci?
Ou está ali
Num canto
Ao meu alcance,
Esperando um lance
De sorte
Antes que a morte
Dos meus planos
Seja iminente,
Nessa vida transparente
Que eu escolhi
Pra viver
O que eu esqueci...

O que acontece?
Ninguém me esquece
Se eu já esqueci
Do que vivi...
Tente entender
Vou te esquecer
Como já
Me esqueci
De tudo
Que vivi
Até aqui...
"

  Magali Rabello Rocha

O AZUL DO TEU OLHAR
(08/08/1999)

Gestos desencontrados
Do coração descompassado,
Procurando a cor
De um simples sonhar...
Descobrindo no comum
O mais belo,
Como se a vida
Batesse o martelo
Do leilão
De saber
O que é amar...
Procurando tão longe
Descobri aqui
Ao meu lado
Que o mais inesperado
Está muito além
Do que eu poderia imaginar...
Encontrei
A cor dos meus sonhos
No azul
Do teu olhar...
"

E A VIDA PASSA...
(12/11/1999)

Passa o tempo
E a noite não passa,
A vida se arrasta
Pelos pântanos
Da solidão,
Da aversão
À tua ausência
E as conseqüências
Quem amarga
É o meu coração...

Passa a vida
E a noite se arrasta
E vai madrugada a fora
Na cama vazia,
Minha noite, teu dia,
Tua sombra
Na saudade
Que invade
Meu universo
E eu crio versos
Pra ver se espanto
O desencanto
De acordar
Sem ter dormido,
E mesmo assim
Eu não duvido
Que essa angústia
Faça parte
Só de mim...
"

NÃO ME PEÇA
(28/04/1999)

Não me peça
Pra não te querer,
Não me peça pra não morrer
Desse amor alucinado,
São meus pecados
Que vêm à tona
Pra me atormentar...
Eu jurei pra mim
Que desse mal
Não mais sofreria
E fiz do meu dia a dia
Uma aventura
Sempre espetacular...
Mas me enganei
Quando acreditei
Estar imune aos mistérios
Da paixão,
Meu coração só quer você
Pra caminhar na minha estrada...
Não peça nada,
Só me deixa te querer
Um pouco mais,
Isso me torna diferente
Dos outros mortais...
"

O TEU DESTINO
(20/04/1999)

Eu já não quero saber
Quem sou eu
E nem
Quem é você,
Quero saber
Quem somos nós
E ter tua vóz
No meu ouvido
Toda madrugada...
Não me interessa
Se o teu corpo
Já teve outra tatuagem,
Se minha imagem
Foi o que você escolheu
Gravar na tua alma,
Então te acalma
E vem buscar
Na minha vida
O teu sentido,
Vem buscar no meu caminho
O teu rumo,
Vem ter certeza
Que o teu destino
Está comigo...
„

NÃO ACABOU
(05/05/1999)

Todos os dias
Eu olho pra você
No meu passado
E digo:
Já me esqueci
Desse amor que destruiu
E obstruiu
A minha vida...
Todas as manhãs
Eu me levanto e digo:
Hoje eu vou viver,
Cansei de morrer,
Vou virar a mesa
Desse jogo
E recomeçar,
Reconsiderar os pontos
Onde errei
E os consertar...
Mas toda noite
Quando me deito,
Me entrego pra saudade
E a solidão chega
Fazendo alarde
Pra me mostrar
Que ainda não passou
E por mais que eu tente,
Por mais que eu lute,
É tudo em vão,
Você ainda está
No meu coração...
"

NAS ENTRELINHAS
(23/05/1985)

Existem tantos poemas,
Tantas poesias, tantos sonetos,
E os valores são diversos...
Todos falam de alguma coisa,
Mas o verdadeiro valor
Está nas entrelinhas...
Escrevo tantas coisas
Sem nunca dizer
O que quero...
Mas nas entrelinhas
Está escrito tudo,
Tudo o que apenas
Os olhos apaixonados
Podem ler...
"

BONS AMIGOS
(16/03/1985)

Se já não vale a pena chorar,
Se eu não posso mais protestar,
Nós seremos bons amigos...
Aceito sua condição,
Mesmo deixando no chão
Todos os meus sonhos antigos...

Já não vejo mais razão
Pra falar da minha paixão
E pra te pedir pra voltar...
Você não quer ficar comigo,
Quer que sejamos bons amigos,
Eu já não vou mais implorar...

Vou tentar viver sozinho,
Vou lembrar dos teus carinhos
E tentar me conformar...
Não quero ter mais ninguém,
Não posso admitir que alguém
Venha ocupar o teu lugar...

Te perdi, por mais que eu insista,
E você, uma pedra ametista,
Muito além dos meus poderes...
Julguei que fosses diferente,
Mas você é igual, tão somente,
Tão igual aos outros seres...

Talvez um dia você me queira,
Não se espante se eu estiver na beira,
De um abismo bem profundo...
Mas, agora somos bons amigos,

E eu vou largar os sonhos antigos,
E vou correr pelo mundo...
"

Magali Rabello Rocha

O TEU AMOR
(28/07/2015)

Meus olhos te miram
E atiram meus raios
Pra te eletrizar,
Pra te matar de saudade
Do que não vai ter,
Dá pra ver
Meu olhar te fazer tremer,
Dá pra sentir teu coração
Descompassado
E teu corpo arrepiado
De emoção...

Meus olhos te miram
E lançam a minha maldição
De te fazer arder de paixão,
De te fazer queimar
Com a sedução de me ver...
Meus olhos te encontram
Em qualquer multidão,
Em qualquer direção
Que você tente seguir,
Mesmo que tente partir,
Mesmo que tente fugir
Do domínio que eu tenho,
Do fascínio que eu exerço
Sobre esse teu coração enfraquecido
E embriagado
De tanto amor
Que você sente por mim...
"

ENQUANTO VOCÊ DORME

(23/07/2015)

Enquanto eu velo teu sono
Me perco na tua beleza
E não consigo imaginar essa vida sem você...
Eu penso no amor que me corrói
E nesse medo absurdo
Que me destrói...

Enquanto eu velo teu sono
Penso no amor que te dou todo dia,
Que talvez não seja
O que você merecia,
No pavor que tenho
De pensar em te perder...

Enquanto eu velo teu sono
Nas minhas noites angustiadas,
Na insônia terrível
Das minhas madrugadas,
Eu percebo quão pequena é esta vida,
Que todas as vidas que me forem dadas
Ainda serão poucas
Diante da eternidade
Que eu preciso
Pra viver do teu lado,
Pra ficar no teu abraço apertado,
Diante da minha necessidade
De sentir esse teu cheiro
E de amar o teu amor...
"

MINHA TRILHA
(20/06/2014)

Você quer saber
Dos meus planos?
Não os tenho,
Meu empenho
É viver o agora,
É acreditar que esta hora
É única
E é minha...
Não busque nos meus olhos
Seu destino
Ou seu espelho,
No fundo deles
Existem memórias...
As histórias que terei
Pra te contar
Não são as mesmas
Que hoje tenta
Me mostrar
E eu te deixo acreditar
Que sigo
A sua cartilha,
Mas a minha trilha,
Tenha certeza
Que eu mesma
Vou desenhar...
"

Magali Rabello Rocha

NAU
(15/09/2017)

Essa nau
Que me transporta,
Minha porta,
Minha saída secreta
E discreta...

Essa nau
Que me transporta,
Me entorta
E desentorta
Meus caminhos...

Essa nau
À deriva,
Que me aviva,
Que me desvia
Do que eu queria...

Essa nau
Desgovernada,
Desenfreada,
Desenganada,
Desesperada...

Essa nau
Que é minha vida,
Desiludida,
Desconstruída,
Reconstituída...

Essa nau que me transporta
Me leva embora,

Me leva agora
De volta
Pros braços teus...
"

Magali Rabello Rocha

POR MAIS QUE EU TENTE
(21/10/2011)

Por mais que eu tente
Pensar
Em não pensar em você,
O tempo se arrisca
Nos meus pensamentos,
Em pequenos momentos
De distração
Do meu coração...
E por mais
Que eu te diga não
Sempre termino meu dia
Assim
Tentando te dizer
Sim...
"

SÓ EU SEI
(14/04/2009)

Só eu sei
O que você não sabe
O que não cabe
No seu modo de viver...
Só eu vejo
O que você não vê
O que você não crê
Que exista...
Só eu vivo triste,
Só eu espero todo dia
Que teu dia acabe
E você nem sabe
Que eu sofro
Por você...
Só eu vejo
O que você não vê,
Só eu noto
O que você não nota,
Só eu me sinto morta,
Só eu desisto,
Só eu insisto
Em ter você...
Você não percebeu
E nem sabe que sou eu
O teu redentor,
Só eu te amo
Do teu jeito
E por mais
Que eu tenha feito,
O que nos mantém é o meu amor...
Mas por favor,
Abra a porta

Que se fechou agora,
Não é por mim
Pois ainda estou
Aqui
Revivendo
E me remoendo,
Mas enxergando
Que eu
Posso não ser nada
Sem você,
Mas você
Também
Não existe
Sem mim
"

Magali Rabello Rocha

A CANÇÃO DO VENTO
(04/03/2020)

Eu ouço o cantar do vento
E ele me diz
Que esse é o momento
De ser feliz,
De deixar fechar a cicatriz,
De deixar fluir
Os sentimentos...
Vou abandonar os contratempos
E não dar mais valor
Que o valor que as coisas têm...
O vento que vai e vem
Me diz
Pra deixar de ser meu juiz,
Pra deixar de ser meu algoz...
Eu ouço a sua voz
Nesse balanço das folhas
E tento fazer das escolhas
Apenas aprendizado,
Não há lado certo ou errado,
Apenas opiniões,
Apenas situações...
Eu ouço a canção do vento
E ela me diz
Que este é o momento
De fazer você feliz...
"

LEMBRA DO POEMA QUE EU FIZ PRA VOCÊ?

(17/03/1985)

Lembra do poema que eu fiz pra você?
Usei palavras,
Tirei as travas,
Criei estrofes,
Abri teus cofres,
Entrei na tua alma,
Arranquei a tua calma,
Tirei teu medo,
Contei segredos,
Te fiz rainha
E você foi minha...

Lembra do poema que eu fiz pra você?
Você o leu,
Me devolveu,
Não quis guardar
E eu quis rasgar...
Ele era lindo,
Mas proibido,
Você me amou,
Mas me largou,
Não deu razão,
Me deixou no chão,
Não desisti
Mas resisti...

Lembra do poema que eu fiz pra você?
Você sorriu,
Depois fugiu,
Fez que não ligou

Mas adorou...
Me agradeceu
E devolveu,
Eu o guardei,
Depois queimei,
Era absurdo,
Tal qual o mundo,
Outros criei
Mas não te mostrei...

Lembra do poema que eu fiz pra você?
Era um poema,
Coisa pequena,
Foi devolvido,
Tempo perdido,
Não fui criança,
Tive esperança,
Só quis dizer
Que mesmo sem você,
Mesmo com meu desenganos,
Ah menina, eu te amo...

Lembra do poema que eu fiz pra você?
"

Magali Rabello Rocha

RECORDAÇÕES

(31/10/1984)

E me encontrei lembrando o passado,
Tantos sonhos irrealizados,
E tanto tempo perdido...
Me lembrei daquele amor louco,
E me senti morrendo aos poucos
De alguma coisa sem sentido...

Voltei àquele barzinho,
Onde, com palavras de carinho,
Você disse que me amava...
Pedi a mesma bebida
E acabei reabrindo a ferida
Que o tempo já cicatrizava...

De repente, tocou nossa canção
E eu percebi meu coração
Dentro do peito sangrando...
Tomei mais um trago da taça
E escrevi teu nome com a fumaça
Do cigarro que estava fumando...

É, eu insisto em recordar
O tempo bom de te amar,
As tuas palavras de carinho...
Insisto em morrer lentamente,
Pensando em ti, tão somente,
E seguir por vagos caminhos...

Não vou ficar te aborrecendo,
Vou pela vida, morrendo,
Apenas pensando em você...
Vou afogar as recordações

Na Cuba Libre, nas canções,
Mas não tente me entender...

E se um dia você me encontrar,
Não se esqueça de recordar
O amor que você me deu...
Não se esqueça de lembrar um pouco,
Daquele mesmo poeta louco
Que te amou e não te esqueceu...
"

Magali Rabello Rocha

GAIVOTA
(08/04/1983)

Vou voando pelo horizonte,
Sem destino, sem chegada,
Sigo apenas, procurando nada pensar.
Vou sobrevoando imensos mares azuis
Em busca do infinito,
Em busca da imensidão...
Quero esquecer que houve alguém
Que eu amei e me feriu,
Quero lembrar que ainda vivo
E que sou livre...
Mas meu coração protesta
E me leva, por um momento, ao passado,
D'onde nada mais posso enxergar,
D'onde meus olhos refletem
Uma imagem, tão distante...
Vôo embriagada pela maresia,
Completamente esvaída pela saudade
E pelo remorso de sentir saudade
De alguém que meu coração suplica e chama
Mas que minha própria consciência renega...

Uma estrela, o luar, a noite
Me envolvem e já não posso conter
A lágrima que vem do coração aos olhos
E se mistura com a escuridão...

Brilha o sol e em mim reflete
Imensa angústia,
E se um sonho é mais profundo que a vida,
Eu sonho viver...
E penso em alguém
Que eu amei e ficou para trás,

Mas passa um vendaval
E com ele
Eu me vou...
"

                                        Magali Rabello Rocha

DESESPERANÇA
(09/04/1999)

Existem momentos
Em que a noite
Me leva de volta
Pros teus braços,
E é tamanho o embaraço
Quando percebo
Que não passou de ilusão...
O meu coração
Já não sente mais nada,
Se anestesiou
Com tanta indiferença...
A vida era bela
E agora é estranha,
Nas camas em que eu durmo
Não encontro você.
Morreu a criança
E tudo o que restou
Foi a desesperança...
"

PALAVRAS GÊMEAS
(20/04/1999)

Você canta
E diz tudo
O que eu gostaria
De dizer,
Rouba as palavras
Da minha cabeça
Antes mesmo
Que eu as possa conceber
Coincidência ou não
Não tem perdão
Você não me conhecer...
Minha alma gêmea
Veio em forma de palavras,
Somos palavras gêmeas,
Eu e você,
Cada um
No seu universo
Escrevendo o mesmo verso
Sem saber...
"

A DANÇA DAS HORAS
(29/09/1985)

As horas caem assim
Sobre mim
E nada mais posso fazer
Senão observar
A sua dança...
Horas pesam nos meus ombros
E me matam pouco a pouco
De saudade...
Há quantas centenas de horas
Eu te abracei?
E quantas milhares delas
Faltarão pra te abraçar novamente?
Assim as horas se vão
Tranquilas,
Dançando nos ponteiros do meu relógio,
Vão se passando,
Rindo-se do meu sofrimento...
Vou contando essas horas
Esperando atordoada que elas passem
Pra te abraçar
Pra ter você novamente...
E eu sorrirei para as horas
E pedirei que não passem
Que não levem meu tempo,
Que não levem você...
"

COVARDES
(04/04/1983)

Estou partindo.
Tentando fugir do meu próprio medo.
Procuro esquecer toda esta dor.
Vou buscar outros caminhos, outros horizontes,
E daqui da janela eu vejo a noite
E meu pensamento vai até você...
O luar cai e a lua me faz sonhar
Com coisas que não aconteceram
Porque nós fomos covardes
E tivemos medo de tantas coisas bonitas,
Tivemos medo de viver!

Vou fugindo da minha própria covardia.
O ônibus corre e a noite vai ficando para trás.
Uma canção no ar
Parece ser feita pra mim...
Não quero te esquecer
Ao mesmo tempo
Em que não posso viver de sombras.
Por isso fujo! Fujo da nossa covardia!
Você, covarde por não aceitar seu sentimento,
Eu, covarde por não viver sem você...
Qual de nós é mais covarde afinal?
Eu, por te amar loucamente?
Ou você, por sufocar seu amor?
E porque somos covardes?
Porque fugirmos de uma coisa tão bonita?
Mas no céu brilhas as estrelas da esperança,
Esperança de possa nascer
Um novo sol da liberdade
E eu me livre da minha covardia!
Pois nós fomos covardes

E tivemos medo de deixar acontecer,
Tivemos medo da palavra amor...
„

                                    Magali Rabello Rocha

SONÊTO DE UM GRANDE AMOR
(23/02/1983)

Eu, com o tempo, corri pelo mundo,
E um dia, nos teus olhos olhei,
Tentei dominar meu coração vagabundo,
Mas não consegui, me apaixonei...

Você era o amor que eu sonhava,
Te queria junto a mim eternamente,
Mas durante todo o tempo em que eu te amava,
Você pensava em outra, simplesmente...

Tentei levar a vida e esquecer
De tudo o que você me fez passar,
Mas tão somente agora posso ver...

...Vou te levar no peito onde eu for,
E enquanto eu tiver vida hei de te amar
Mesmo que não tenha seu calor...
"

PALAVRAS
(09/04/1983)

São palavras, nada mais.
Palavras que já não transmitem
O que o coração quer dizer...
Frases vazias, paradas no tempo,
Num mundo obsceno, dominado pelos momentos...
Palavras perdidas no espaço,
Que se chocam pelo ar a todo instante
E misturam-se com os gestos
E acabam confundindo os olhares
E os olhos dizem, por fim,
O que as palavras não conseguem.

São palavras, nada mais.
Que profanam sentimentos
Com significados absolutos.
Desconhecidas razões já não trazem
O vazio das palavras à tona
E vão naufragando, cada vez mais,
O verdadeiro movimento
De lábios que se enganam...

Não são nada mais que palavras,
Que procuram se esconder
Atrás das paredes de vidro
De dois olhos apaixonados...
Embora palavras incertas,
Balançam entre o variável, o absurdo e o real,
Já não transmitem mais nada,
Já não entendem que confundem olhares,
São apenas palavras,
Mas que têm validade ideal!
"

AMORES IGUAIS
(30/10/1998)

Eu quis revolucionar a poesia,
Achava diferente o que eu sentia,
E quis fazer melhor que outros poetas...
Achei que era maior o meu amor,
E que não era apenas mais um sonhador,
E então reuni as palavras certas...

Formulei mil poemas apaixonados
E destilei suaves gotas de pecado,
Pra colocar o meu amor nas entrelinhas...
Deixei palavras me escorrerem pelas mãos,
Não permiti que meus motivos fossem vãos,
E fiz de uma mulher minha rainha...

Mas, a duras penas descobri
Que não era diferente o que eu vivi,
Que as histórias de amor são sempre iguais...
Todo poeta sofreu uma decepção,
E escreve feito louco pra solidão,
Se matando num amor, e nada mais...

Meus poemas são comuns se comparados
A todos os outros poemas apaixonados
Que tantos outros criaram na hora certa...
A nossa história de amor não foi tão única,
Nem tampouco singular a minha súplica,
E eu apenas sou mais um,
Perdido e apaixonado poeta...
"

PASSADO

(11/01/1999)

Sabe pra que serve
O passado?
Pra se guardar na gaveta
Feito fotografias
Velhas e empoeiradas,
Que não significam
Mais nada
E ainda assim
De vez em quando
Pegar pra olhar
E dar boas gargalhadas...
Mas também serve
Pra se economizar tempo,
Analisando com calma
Pra abandonar os traumas
E não repetir os erros,
Pra tirar uma lição
E aprendizado
E deixar tudo
Lá mesmo,
No passado...
"

Efeito Borboleta
(30/07/2008)

Eu não podia imaginar
Que o simples bater das tuas asas
Pudesse causar
Um vendaval tão forte
Capaz de me derrubar...
Eu não sabia
Que o bater das tuas asas
Em outra direção
Pudesse dilacerar
Meu coração...
Eu não pude prever
Que o teu bater de asas
Iria causar um turbilhão
Capaz de me tirar o chão
Capaz de fragmentar a minha rocha
E transformar em pó
O meu castelo de ilusão...
Eu não podia imaginar
Que um simples
Bater das tuas asas
Pudesse me destruir
E me derrubar
Me deixando
Incapaz de me levantar...
Eu não podia nem imaginar
Que um dia
Você fosse bater as tuas asas
E voar em outra direção
Que não fosse
Direto para o meu coração...
"

O QUE POSSO ESPERAR?
(26/11/2008)

O que mais
Posso esperar de você
Se o que me dá agora
É tudo o que
Eu não esperava...
O que mais
Posso esperar de hoje
Se sei que esta noite vai passar
E vai chegar um novo dia
Do qual eu não sei
O que esperar...
O que fazer com meu coração
Que está aflito
E agonizando nesta solidão...
O que posso esperar de mim
Se eu não estou conseguindo
Entender
Esse teu "FIM"...
"

FIM
(26/11/2008)

Depois que vi de perto
O deserto do teu coração
Me deparei com a verdadeira
Solidão
E nada mais pude oferecer
Ao meu coração
Desarmado...
Depois que conheci
O teu amor
De ocasião
Me entreguei à devastação
Da minha vida
Sucumbida
Pela tua ingratidão...
Depois que eu escapei
Da tristeza de ter te amado tanto
Sequei meu pranto
E segui em frente
Completamente indiferente
À serpente
Em que o amor
Se transformou pra mim...
Depois que a tua ausência
Preencheu todo o meu tempo
Em desalento descobri
Que não posso mais viver assim
Que é inevitável admitir
Que nós chegamos ao fim...
"

SE EU TE DISSER
(17/06/2007)

Se eu te disser que o tempo passa
E leva consigo a minha graça de viver
Não sei se vou me fazer entender,
Mas não consigo preencher a lacuna
E ainda me pego tateando às escuras,
Buscando o lapso onde o tempo se rompeu
E te levou de mim
Me deixando assim
Ainda sonhando com um carinho teu...
"

PASSARIM
(03/05/2017)

Passarim que lá evem,
Traz noticia de meu bem,
Vem dizer que já nasceu
Alguém pra eu chamar de meu...

Alguém com olhos de céu,
Que venha limpo e sem véu,
E seja feito de verdade,
Que desconheça ruindade...

Que cante feito o sabiá,
Que venha sabendo amar,
Passarim vem me dizer
Que chegou meu bem querer...
"

Magali Rabello Rocha

RAZÕES
(31/10/1984)

Eu ando procurando um motivo
Pra saber se ainda vivo
Ou se estou apenas vagando,
Pois já não encontro razões
Pra desunir nossos corações
Se continuo te amando...

Te amar não é o bastante,
Paixões são muito inconstantes,
E você já não acredita,
Não entende que eu te amo,
Não ouve quando te chamo
E não quer saber da minha vida...

Se chorar resolvesse o problema,
Se me tirasse desse dilema,
Um rio de lágrimas eu choraria,
Mesmo se eu gritar meu amor
Só eu ouvirei minha dor,
Só eu mesmo sofreria...

Por isso, desisto de tudo,
E tento me esconder do mundo
Calando toda a minha dor,
Vou levando a vida, sofrendo,
Vou levando, pois não estou vivendo,
Estou morrendo de amor...
"

ONTEM
(05/11/1984)

Ainda ontem
Eu senti alguma coisa diferente,
Dessas coisas que a gente sente
Quando está se apaixonando...
Vi teu rosto
Em fotos que não eram tuas,
Saí, sem destino, pelas ruas,
Sem ter pra onde, caminhando...

Ainda ontem
Te vi mais linda,
Me misturei na tua vida
E acreditei que me amavas...
Senti teu perfume
Em aromas que não eram teus,
Te vi sorrindo nos sonhos meus,
Mas em sonhos em que não estavas...

Ainda ontem,
Foi doce a amarga ilusão
De ter felicidade no coração
E de sentir você comigo...
Caminhei com você,
Mas você não estava presente,
Me vi te amando ardentemente
E fiz de você meu abrigo...

Isso foi ontem,
Num delírio mais profundo,
Senti que você era meu mundo,
Senti o que outros não sentiram...
Foi só ontem,

Vivi minutos de ansiedade
E mergulhei fundo na saudade
De momentos que não existiram...
"

                                    Magali Rabello Rocha

DE REPENTE

(17/05/1985)

De repente sinto no meu peito
Alguma coisa parecida com amor...
Tem algo diferente no teu olhar
Que mesmo que eu tente,
Não sei explicar...
Talvez nem tente decifrar
As coisas e os enigmas
Que os teus olhos escondem...
Por tantas razões
É melhor deixar a tua e a minha vida
Correrem separadas,
De repente a gente se cruza
Numa das curvas da vida
E nos amemos como antes
E pra sempre...
"